Vienna Tristi Obsidione Turcarum, Astris Faventibus, Liberata

Albert Ignace D'Hanins

In the interest of creating a more extensive selection of rare historical book reprints, we have chosen to reproduce this title even though it may possibly have occasional imperfections such as missing and blurred pages, missing text, poor pictures, markings, dark backgrounds and other reproduction issues beyond our control. Because this work is culturally important, we have made it available as a part of our commitment to protecting, preserving and promoting the world's literature. Thank you for your understanding.

VIenna

tRIstI obsIDIone tUrCarUM, astrIs
faVentIbUs, LIberata,

seU Depressa In terraM LUna; eXsUrgens
In poLos aqUILa,

aUstrIæ IMperatorIs, regIsqUe poLonIæ
VatIbUs pangenDa VICtorIa,

gUbernatorIs VIennæ, DUCUMqUe perpetUa
gLorIa,

totIUsqUe ChrIstIanItatIs gaUDIUM atqUe
LætItIa

gaUDeaMUs: VICtrIX aqUILa.

GANDAVI,
Typis BALDUINI MANILII, sub signo Albæ
Columbæ, 1683.

NOBILISSIMIS,
AMPLISSIMISQUE VIRIS
AC
DOMINIS
VRBIS GANDAVENSIS
FLANDRIÆ METROPOLIS,
PRÆTORIBUS, CONSULIBUS,
SENATORIBUS &c.

D. Joanni Baptistæ d'Ella Faille Equiti aurato, Toparchæ in Huyſſe, Audegoede, Overacker &c. Ejuſdem urbis & Territorii veteris Caſtri ſummo Prætori.

Primi Ordinis Conſuli ac Senatoribus.

D. Ludovico Trieſt Scutifero, Toparchæ in Meerelbeke, Lemberge, Weſthove, Apolieu, Bourſeule &c. Primi Ordinis Conſuli.
D. Carolo Maes Equiti aurato, Toparchæ in Noortvelde &c.
D. Georgio de Bracle Equiti aurato Toparchæ in Willecom, Prims, Croix &c.
D. Emanueli Ballet Scutifero, Toparchæ in Leeuwenburgh.
D. Guilielmo Vilain Scutifero, Toparchæ in Dumpele.
D. Franciſco Nieulant Scutifero, Toparchæ in Walle, Venackere, Pottelberghe &c.
D. Ferdinando Nieulant Scutifero, Toparchæ in Ratelaere.
D. Petro Henrico van Varnewijck Scutifero.
D. ac M. Petro Odemaer J. U. L.
D. Joanni de Biſcop.
D. Jacobo de Meeſter.
D. Petro Verrebroeck.
D. . . . .

Primo Ordini à Consiliis.

D. ac M. Antonio Mavaux J. U. L.
D. ac M. Nicolao vanden Voirde J. U. L.
D. ac M. Francisco vanden Vivere J. U. L.
D. ac M. Jacobo Francisco Penneman J. U. L.

Primo Ordini à Secretis.

D. Joanni Doorisele.
D. Joanni Danneels.
D. Petro Soetaert.
D. ac M. Joanni Baptistæ Papejans J. U. L.
D. Lucæ van Hoorn J. U. L.

D. Claudio Maes Scutifero, secundo urbis Prætori.

Secundi Ordinis Consuli & Senatoribus.

D. Petro d'Ella Faille, Equiti aurato, Toparchæ in Assenede, Lierde, Eeckeloo, Hermais, Galathas &c. secundi Ordinis Consuli.
D. Emanueli de Gruutere Scutifero, Toparchæ in Anvyn.
D. Francisco Claudio de la Valette scutifero.
D. Cornelio Arnoldo Sandelin Scutifero, Toparchæ in ten Hulle.
D. ac M. Francisco de Bock J. U. L.
D. ac M. Joanni Baptistæ vander Stricht J. U. L.
D. Dominico de Bernemicourt Scutifero, Toparchæ in Mynil.
D. ac M. Carolo Francisco Bonne J. U. L.
D. ac M. Henrico vander Haghen J. U. L.
D. Joanni Bernaige.
D. ac M. Joanni Baptistæ de Clercq.
D. Francisco de Wulf.
D. Antonio Palinck.

Secundo Ordini à Consiliis.
D. ac M. Ioanni Remigio de Smit. I. V. L.

Secundo Ordini à Secretis.
D. Joanni Baptistæ van Vaernewijck Scutifero I. V. L.
D. Judoco Compein.
D. Ioanni Vylevens.
D. ac M. Livino van Overwaele I. V. L.
D. Petro Pattheet.

Quæstoribus
D. Philippo Ignatio van Hoobrouck Scutifero, Toparchæ in Reyhaghe Thesaurario.
D. Francisco de Smet, operum publicorum Præfecto.
D. ac M. Iacobo Iudoco Danneels, I. V. L. quæstori exagogico.

* steLLa, Deo IVVante, eXtIrpaVIt LVnaM.

* *Sterrenberg à Stellâ nomen habens.*

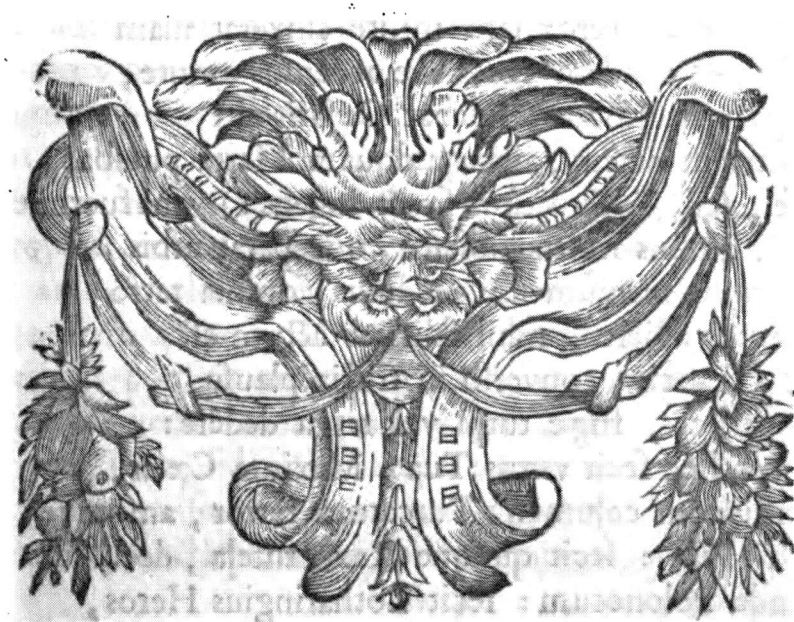

AUXILIUM VIENNÆ LEOPOLDUS,
CÆSARISQUE SUBSIDIUM REX POLONUS,
UTRISUQUE REFUGIUM CÆLI DEUS.

Arma virosque cano, Mavortia pectora, quorum
Invictis animis, indefessoque labore,
Consilio & curis, longâ obsidione Vienna
Libera, devictos Turcas derisit: Adeste
(Magnum opus aggredior) passu properate citato
Ex Helicone Deæ, vatique favete canenti
Heroas fortes, & belli fulmina : vestrum
Nunc posco auxilium, veluti poscebat eorum
Urbs obsessa. Ferox jam milite cinxerat illam
Hostis, & ejusdem capiendæ accensus amore,
Et spe prætumidus, ridebat Cæsaris alti
Bellatricem aciem, nec quidquam Marte putabat
Posse, sed (ô Superûm favor ingens!) vana fuerunt
Vota, quibus frustra obsessæ conceperat urbis
Imperium nimiùm sibi credulus: omnia retrò
In ventos abiêre, nihil feliciter actum est
Illic à Turcis, converso in tristia plausu,
Vel periêre, fugæ turpi vel terga dedêre:
Scilicet hoc fecit virtus Tua, Maxime Cæsar,
Christiadûm columen, Turcarum terror, amorque
Austriadûm : fecit quoque Rex, tutela, decusque
Grande Polonorum: fecit Lotharingius Heros,

Fama

Famâ ingens, meritis pollens, ingentior armis
Et stirpe & titulis excellens: hîc quoque magnam
Partem opere in tanto, non inferiora secutus,
Ipse Gubernator sibi vendicat, alter Achilles,
Consilio Nestor: prudentia cujus, & acre
Bellandi ingenium, præclaraque dextera bello,
Et rerum verè Domina experientia, curæ,
Assiduusque labor, vigilantiaque ardua Turcas
Edocuêre, istâ nunquam quòd stante columnâ
Urbs casura foret, validi namque instar Atlantis,
Hanc propriis humeris, firmâ & cervice ferebat:
Ille ubi jam muros cingi obsidione videbat
Et Turcas gyrum componere, protinus altâ
Talia voce refert: en undique mœnibus urbis
Hostis adest, tentatque aditus, atque urbe potiri
Ardet atrox prædo: quam quantò injustius audet
Oppugnare hostis, tantò vos fortiùs æquum est
Tutari, atque armis Turcas removêre feroces.
Quare vos Socii, & concordia pectora, Cives,
Ut properè auxilio veniatis, tempora poscunt:
Nunc animis validis opus est, nunc tempus agi res:
Stat conferre manum Turcis, stat quidquid acerbi est,
Morte pati potiùs, nostros quàm dedere muros.
Donec inest venis vel sanguinis unica gutta,
Sit devota Deo, fidei, Patriæque: perinde est
Hostibus an pulsis, an letho lauder honesto:
Pro Patriâ, sanctâque fide, pro Cæsare, & aris

Exhalare animam, pulchrum reor, atque decorum.
Sic occumbentes nunquam moriuntur, at illis
Majus ab exequiis decus est, & vita perennis.
Dixerat: his dictis stimulati & fortis Iberus,
Et validus Germanus ovant, pugnaeque parant se.
Exarsêre ignes animo, subit ira ferocem
Conculcare aciem, & totis dare funera campis.
Omnibus idem animus; nemo est qui bella recuset.
Nulla mora est: pariter cives hortatur, & acres
Accendit mentes & belli & laudis amore.
Undique ut auxilio veniant, Cereremque canistris
Expediant, & vina cadis: amor omnibus unus,
Relligionis amore omnem perferre laborem.
Auxilio veniunt, potumque, cibumque ministrant:
Non cives credas: tanta est vigilantia cunctis,
Bellatorque animis Deus insidet: omnis in hostes
Cominus ire ardet, per mille pericla, per ipsum
Mortis iter: quid non Mavortia pectora cogit
Magna Ducis virtus per tot spectata labores!
O quoties illum immemorem somnique, cibique
Insomnes vidit miles traducere noctes,
Corpore, non animo fessum! labor ipse quietis
Supplebat persaepe vices: fortissima turba,
Germanus mihi testis erit, quem semper in armis
Terribilem sensêre hostes, dextrâque potentem.
Ecce autem! Turcae clamorem ad sidera tollunt
Horrendum! tendunt ad propugnacula, saxa

Hi

Hi gestant humeris, illi ramalia, fossas
Quéis complere parant: pars spicula mittit in urbem,
Spicula lethiferum quæ virus habentia, certam
Incutiunt læsis, per tristia vulnera, mortem.
At parte ex aliâ obsessi tela aspera contra
Consistunt, sævum proturbantque acriter hostem.
Tormenta explodunt Turcæ, quatiuntque Viennæ
Moenia: sed quanquam rumpantur moenia, virtus
Obsessis illæsa manet: tormenta vicissim
Exonerant, Turcarum aciem pugnando fatigant.
Ast ubi Turca animos rursus, viresque resumpsit,
Fit via vi, scalas portat, labefactaque scandit
Moenia, at hic quantò scalis sublimiùs instat,
Obsessi tantò hunc validis demissiùs armis
Præcipitant: urbe erumpunt: trepidosque per hostes
Sternit iter virtus: concurrunt, prælia miscent
Intrepidi, premitur pede pes, densusque viro vir.
Nunc hi, nunc illi vincunt, surguntque, caduntque,
Diffugiunt, instant: tandem alea prospera Turcas
Deserit, Austriacosque albis circumvolat alis.
Post varios casus, assultus, prælia, tandem
Septembris duodena dies memorabile vidit
Certamen: nostri ternis ex partibus hostem
Invadunt, feriunt, cædunt in frusta, ruinâ
Funditùs involvunt pedites, equitesque timentes
Jam sibi, terga citi nostris, non pectora, turmis
Obvertunt: celeres illis timor applicat alas.

Hi

Hi sed equis quamvis vecti velocibus, atram
Haud potuêre tamen fugiendo evadere mortem.
Ocyor illa volat Zephyris, atque ocyor Euris.
Ex nostris etenim bis millia sena virorum
(Armatos leviter vocitant) nil tale timentes
Fortiter invadunt Turcas, & millia cædunt
Innumera, inque fugam convertunt plurima, quorum
Pectora si nequeunt, repetito vulnere, terga
Et caput, atque humeros feriunt, tandemque trucîdant.
Non, mihi si linguæ sint tot, quot millia cæsa
Turcarum, numerum cæsorum dicere possim.
Hoc unum certò possum prædicere, Turcam
Non temerè rursus venturum ad Cæsaris urbem.
O quicumque homines injusto Marte fatigas,
Justitiam hinc disce, & nunquam contemnere Divos!
Conflatus ternis Turcarum exercitus annis,
Paucorum contrà fractus, cæsusque dierum
Tempore, dat monumenta suæ fatalia stragis;
At palmæ obtentæ generosi Cæsaris armis,
Atque Polonorum, summâ cum laude, Monarchæ.
Gratatur mea Musa Tibi, fortissime Cæsar,
Tam celebrem & tantum, tam sævo ex hoste triumphum.
Nec Princeps, nec Rex ullus, nec Cæsar in orbe
Obtinuit similem, per tot jam sæcula, palmam.
Et Tibi gratatur, Princeps invicte, Monarcha
Magne Polonorum, cujus tot fortia letho
Millia Turcarum miles dedit: ipsa Charontis

Subsidit

Subsidit nimio cæsorum pondere cymba
Cum vectore suo, nigranti absorpta Barâthro,
Ut reor, & rimas centenis partibus egit:
Pluto tot aspiciens completum Manibus Orcum,
Intremuit, subitâ mentem formidine pressus,
Ne sibi cum sceptro imperium, soliumque scelesti
Eriperent, illos conatos namque sciebat
Imperium, Patriam, sceptrum, diadema, thronumque
Cæsari, & innocuam, scelerata per agmina, vitam
Eripere: & repetens exempla nefanda Gigantum,
Nutrivit duplicem pavido sub corde timorem.
Nec Tu carminibus nostris indictus abibis,
Dux invicte! sibi assiduis quem mœsta reposcit
Lamentis, precibusque piis Lotharingia: faxit
Omnipotens, properè ut reducem Te cernat, honore,
Et titulis auctum patriis, & amore Tuorum!
Donec Danubius, fœdo jam sanguine tinctus
Turcarum, rapidas undas provolvet in æquor,
Semper honos, semper tua laus, & fama vigebit.
(a) A stellâ qui nomen habes, Montisque supremo
Vertice, jam stellis splendes rutilantior ipsis.
Stat Tibi non parvo virtus tua: vulnera testor,
Magne Heros, nuper quæ circum plurima muros
Obsessos retulisti, acris monumenta Gradivi.
Te verò quisnam tacitum, indictumque relinquat
Sanguinis atque animæ (b) Princeps benè prodige, nomen
Cui generosa Aquila, & Montes illustre dedêrunt?

(a) Comes de Starrenbergh. (b) d'Arenberghe qui in prælio contra Turcas occisus est.

Donec

Donec erunt Montes, donec Germania cernet
Victrices Aquilas, toto celebraberis orbe.
Non poteras, quamvis vixisses Nestoris annos,
Nobiliore mori letho: Te fama perennis
Inserit Ordinibus sacris, Cæloque reponit.
Martyres, & tecum qui procubuêre, perennem
Sunt nacti tecum, pulchra inter prælia, laurum.
Quot numero fuerint hostes, hinc collige, lector.
Deserta à Turcis tentoria, millia complent
Sexaginta æquo numero, tormenta relicta
Plurima sunt, pugnæ spolia ampla, & præmia palmæ.
Thuribulum ex auro (c) Præfecti celsa supremi
Quod concludebant tentoria, misit ad Aulam
(d) Bruxellensem Heros à Stellâ & Montibus altis (e)
Qui sibi nomen habet: monumentum & pignus amoris
Esse sui hoc voluit. Nempe ut, quo thuris honorem
Vana superstitio falsis Dîs antè sacrabat,
Jam cultu meliore, fides sincera litaret
Vero thura Deo: gazas, aurique talenta
Argentique, omnes thesauros, atque Camelos
Dicere nemo queat, numero quia copia major.
Gratia magna Deo, sit gratia magna Mariæ:
Austriacam tutata domum est populumque, nec illa
(f) Sub pedibus frustra Lunam gerit: ecce revulsa
Turcica Luna jacet: bis senis undique stellis
Virgo coronatum gestat caput: inde triumphat,
Hostibus evictis, à Stellis nomina ducens

(c) *Magni Vizirii* (d) *Ad Marchionem de Grana.* (e) *Comes de Starrenbergh.*
(f) *Apocalyp: cap.* 12.

Insignis

Insignis Ductor: cujus nisi maxima virtus
Fecisset, dudum prostrata Vienna jaceret.
Ganda triumphales ignes nunc extrue: Python
E speculâ ignitos, tanti argumenta triumphi,
Evomat ore globos: pendentes turribus altis
Vos quoque Campanæ date prospera signa, suumque
Carolus Austriades, pariter qui Marte potenti
Turcarum infregit vires, nunc vibret in altum
Mucronem, Venerisque foro nova gaudia gignat.
Compita per Gandæ magni nunc ite Gigantes,
Ite, Gigantæo res hæc est digna triumpho:
Ecce Gigas summus fidei metuendus & aris
Nunc quoque Turca jacet, jaceatque, & tempore nullo
Audeat invictam bello tentare Viennam.

Allusio ad nomen urbis Viennæ quòd Flandricè flere significat.

Quæris cur nomen gerat à deflendo Vienna?
Devictos Turcas hæc quia flere facit.

Allusio ad nomen Cæsaris, quod à cædendo derivatur.

A cæsis Cæsar deducit nomina Turcis:
Quàm benè conveniens nomen & omen habet!

Programma. Imperator. Anagramma. Amor perit.

ALLUSIO.

Ecce *perit* Turcis spes omnis, *amorque* Viennæ;
Quid mirum est? cum spe nam quoque Turca perit.

Programma. Germani. Anagramma. ni geram.
LOQUITUR GERMANUS.
In Turcas *ni* bella *geram*, vix vivere possum:
  Hoc Patria, hoc pietas, hoc petit ipse Deus.

Programma. Poloni. Anagramma. in polo.
ALLUSIO.
In celso laus vestra *polo* stat fixa Poloni:
  Hinc tribuit vobis nomina digna polus.

Programma. Vienna. Anag: anne vi?
ALLUSIO.
Anne Vienna potest Turcas *vi* vincere? vicit:
  Occisi Turcae, sub pedibusque jacent.

Programma. Vienna. Anag: en vani.
ALLUSIO.
En vani Turcarum ausus, en praelia vana:
  Vana sed haud gessit praelia Caesar, ovat.

1.
AQUILA PUGNANDO SUPERVOLITAVIT
LUNAM.

2.
Ad Victores.
DECUS AETERNUM EX HOSTIBUS
RETULISTIS.

Chronicon metricum.
CONTRAHIT UT PERCUSSA METU CITO
CORNUA LUNA
TURCICA!

Weenen

Weenen vrii vande droeve belegheringhe
der turcken,
Verre-verjaeght, en verslaghen maene,
Verheven arendt van oostenriick,
Waere victorie vanden keiser
ende den Vorst van polen,
glorie des gouverneurs, Weenen,
vierighe helden, soldaten,
nieu-verkreghen vreught van 't lieve
christendom.

Vlieght Arendt, Arendt vlieght tot boven d'hooghste wolcken
   Door-dien uyt haeren throon tot onder d'aerdsche kolcken
  Nu light door uwe macht gheruckt de Turcksche Maen
  Berooft van hop' en troost van immer op te staen:
Maer als Ghy wederom comt daelen op der aerden,
Twelf sterren mede-brenght, die sijn van grooter waerden,
  Die gheven een groot licht, en eenen claeren glans,
  Waer-van ghy vlechten sult flucx eenen sterre-crans
Om 'thooft van Starrenbergh daer-mede te becroonen:
Ghy moet sijn groote deughdt en aerbeydt soo beloonen:
  Want hy voorseker is een seer cloeckmoedigh man,
  Die niemant (soo 't betaemt) ten vollen prysen can.
Doch wie sal, naer verdienst, den Keyser connen loven?
Voorseker sijne deught seer verre gaet te boven
  Mijn const en mijn verstant: schoon dat ick Maro waer,
  Dit pack aen mijne penn' noch vallen soud' te swaer.

                                                  Voorts

Voorts uwen lof en eer, ô kloecken Vorst van Polen!
Sal eeuwigh sijn bekendt, en noyt sal sijn verholen
 Den glans van uwe deughdt, en van uw' groote faem,
 Die tot de Polen toe (waer van ghy voert den naem)
Vlieght hoogher als de Sonn': d'Hertogh van Lotharinghen
Magh niet versweghen sijn: ick sal sijn deughden singhen
 Gheduerigh vroegh en laet, en mijne sang-Goddin'
 Sal melden sijne daet, tot teecken van haer min'.
Aen jeder Keur-Vorst oock zy lof en danck ghesonghen,
Want dat niet eenen Turck bynaer en is ontspronghen
 Gheschiedt is oock door hen, hun volck, en hunnen raet,
 Den welcken als ontbreeckt, het volck niet veel en baet.
Ghy cloecken Arenbergh, mits ghy uw bloet en leven
Voor Godt en voor 'tGheloov' ten besten hebt ghegheven,
 Sult leven voor altijdt, en hebt voor uwen loon,
 Als eenen Martelaer, ontfanghen 'sHemels croon.
Naer dat den wreeden Turck met onghemeene tochten
Hadd' Weenen langhen tijdt, en menighmael bevochten:
 Naer menigh duysent man van sijn rampsaligh volck
 Ghesonden door de Doodt naer Plutôos swarte kolck:
Naer menigh Martelaer van onse strydtbaer helden
Ghepurpert in hun bloet, ghetrocken naer de velden
 Elysi, vol van vreught: ten lesten eenen slagh
 Den twee-mael sesden dagh der maendt Septembris sagh:
Een slagh voor 't Christendom voorspoedig, groot van wonder,
Waer-door de Turcksche Maen gansch is ghebracht ten onder.
 Van kanten dryderhand' den Turck wiert over-rast,
 En van des Keysers heir soo stercklijck aenghetast;

Dat

Dat 'tvoet-volck al-te-mael ter plaets is doodt ghebleven:
Dit siende 't peirde-volck, heeft sich ter vlucht begheven:
 Maer vont twelf Duysent (a) Mans op sijnen wegh gestelt,
 Door welcke sy schier al, ter aerde neêr-ghevelt
Van 't leven sijn berooft: doch die de vlucht verkoren
Oock hebben inde vlucht het leven flucx verloren
 Seer dapper achterhaelt: t'peirdt snel loopt met den man,
 Maer snelder noch de doodt, die niemandt vlieden can:
Van weenen Weenen comt: g'hebt reden nu van weenen
Ghy boosen Turckschen hoop: weent vrouwen, en met eenen
 Weent oock Ghy manne-volck: Ghy vrouwen uwe mans
 Die doodt zijn: mans die leeft, weent dese droeve kans.
'Tghewin dat 's Keysers volck heeft op dien dagh bekomen
En can niet sijn verhaelt: noyt heeftmen sulckx vernomen
 Soo langh de weirelt stond', noch oyt soo grooten buyt
 En wiert in eenigh boeck door pen of druck beduyt.
Het silver en het goudt, het welcke wiert ghevonden
In des Viziers quartier, door pennen noch door monden
 Gheen mensch verhaelen can: voorts onder desen schat
 Aldaer ghevonden wiert een gauden wieroock-vat.
Den cloecken Starrenbergh heeft op seer corte stonden
Het selv' aen den Marquis de Grana toeghesonden
 Door eenen Capiteyn, den welcken gansch verblydt,
 Eer hy naer Brussel trock, ghesien hadd' selv' den strydt.
Men sal dit Wieroock-vat veel beter nu besteden
Als 't selv' oyt wiert besteet: want in den tijdt voorleden
 Soo dede den Vizier daermede d'offerand
 Aen sijnen valschen Godt: maer in ons Christen-land

(a) *Dragonders.*   Men

Men dat ghebruycken sal ten dienst van **Godt Almachtigh**,
Door wie des Keysers volck soo cloeck was en soo crachtigh,
  Dat gansch den boosen hoop van Mahomets gheslacht,
  Tot onse groote vreughdt, ten onder is ghebracht.
De Tenten die den Turck in't vluchten heeft verlaeten
Tot sestigh duysent sijn in het ghetal: wat baeten
  De nesten op-ghemaeckt aen muys of aende rat,
  Indien sy wort, eylaes! ghevanghen vande kat?
De Kemels en Canons, waermed' den Turck quam quellen
De Keyserlijcke Stadt, en can ick niet vertellen
  Schoon dat ick monden hadd' soo menigh in't ghetal,
  Als Turcken door het Sweirdt ghecomen sijn tot val.
'Tis door uw' macht gheschiet, ô Godt! 'tis uwen zeghen
Dat't Huys van Oosten-rijck heeft dit gheluck verkreghen:
  Weest duysentmael ghedanckt, en oock de reyne Maeght
  Die boven op haer hooft een croon van sterren draeght,
En die de (a) Maen gheprent draeght onder haere voeten:
Elck-een moet dese Maeght oock dancken en begroeten:
  Dat sy van over langh met voeten trapt de Maen
  En sterren draeght op't hooft, doet heden my verstaen
Dat dit een teecken was, dat eens het soo soud' lucken
Dat 'tHuys van Oosten-rijck soud' onder voeten rucken
  De Maene van den Turck: den Sterren-crans beduyt
  Dat Starrenbergh, cloeck helt, deês daet soud' wercken-uyt.
Weest Keyser nu verblydt om dit gheluck en zeghen:
Uw' lieve Keyserin is van een (b) vrucht gheleghen
  Nu juyst op desen tydt van blydschap heyl en vreught:
  'Thof dobbel reden heeft om nu te sijn verheught.

<small>a) *Apocalyps* 12. *cap.* (b) *Op den 7. Septembris. Het kint wiert ghenaemt Maria, Anna, Iosephina, Antonia, Regina.*</small>

Ver-

Verblydt U, Ghendtsche Stadt! den Vorst in u gheboren
Heeft oock de Turcksche Maen, nu jaeren langh-te-voren,
   Doen beven door sijn macht, en onder voet gheruckt,
   Ghelijck, tot onse vreught, nu weder is gheluckt.
En mits aen 'tzaligh volck dées vreught niet is verholen,
'Tis seker dat hierom in s'hemels hooghe polen
   Sich Carolus verheught, en blyd' is van ghelijck,
   Om 'theyl en het gheluck van't huys van Oostenrijck,
Waer-uyt hy voormaels quam.*Siet hem van blytschap blincken
Ghelijck een tweede Son: my dunckt dat ick hoor clincken
   Den lemmer van sijn sweirdt: de weirelt, die hy voert,
   Heeft oock ghevoelen in, en sich van vreught verroert.
Dat nu de beken all', en alle de rivieren
Voor waeter gheven wijn, en door de straeten swieren,
   Dat nu den grooten Draeck oock vier-werck spou van vreught
   En met de Borghery te-gaeder sich verheught.
Dat nu de clocken al te-saem sich laeten hooren,
En menghen haer gheluydt met Musicaele chooren;
   Dat tot den hemel sich verheff' den bergh Blandijn,
   Op-dat hy aen Parnas ghelijck magh heden zijn.
Dat alles nu gheschied' dat noyt men sagh gheschieden,
En dat oock kerck en huys, en niet alleen de lieden,
   Bewysen haere vreught: 'tis nu bequaemen tijdt:
   'Tis reden dat elck-een als heden zy verblydt.

* *Den poët speelt op de vergulde statüe vanden Keyser Carolus, staende op de Vrydagh-merckt.*

Jaer-Schrift.

DEN HOOGH-VLIEGHENDEN ARENDT VAN OOSTENRIICK
WORT VERHEVEN.

Gratulabundus accinebat Albertus Ignatius d'Hanins *Centurio emeritus nec non Nobiliss: & Ampliss:*
D. D. *famulus humillimus.* ——— *Dat gaudia virtus.*

Printed by Libri Plureos GmbH in Hamburg, Germany